UNIVERSITÉ DE FRANCE.

ACADÉMIE DE STRASBOURG.

THÈSE
POUR LA LICENCE,

PRÉSENTÉE

A LA FACULTÉ DE DROIT DE STRASBOURG

ET SOUTENUE PUBLIQUEMENT

LE 6 FÉVRIER 1847, A MIDI,

PAR

ALPHONSE DOYEN.

de Colmar (Haut-Rhin).

STRASBOURG,
DE L'IMPRIMERIE D'ÉDOUARD HUDER, RUE DES VEAUX, 27.
1847.

A

MES PARENTS.

PIÉTÉ FILIALE.

A

MES AMIS.

SOUVENIR.

A. DOYEN.

FACULTÉ DE DROIT DE STRASBOURG.

DROIT CIVIL FRANÇAIS.

DE LA PREUVE EN GÉNÉRAL

(articles 1315 — 1316 du Code civil)

ET

DE LA PRÉSOMPTION EN PARTICULIER

(articles 1349 — 1353 du Code civil).

CHAPITRE PREMIER.

DE LA PREUVE.

On appelle *Preuve* [1] ce qui persuade l'esprit d'une vérité (Domat).

Nous n'avons pas à examiner ici les nombreux systèmes philosophiques et religieux qu'ont fait naître ces questions fondamentales de toute science : Existe-t-il une vérité? Quelle est-elle? Comment la reconnaître?

[1] Le mot preuve a plusieurs acceptions ; il signifie soit le fait de la production d'éléments de conviction, soit ces éléments de conviction en eux-mêmes, soit encore le résultat de la production de ces éléments de conviction.

1

Le Code divise la matière des preuves en cinq sections : *la preuve litté-rale, la preuve testimoniale, les présomptions, l'aveu et le serment.*

Cette division appartient à Domat, dont le remarquable Traité *des Lois civiles* parut en 1689. Pothier, qui lui est postérieur, n'établit avec plus de raison que deux divisions principales ; la preuve littérale, la preuve tes-timoniale ou vocale. Nous traitons à part des présomptions ; quant à l'aveu et au serment, il est plus juste de dire que ce sont des cas particuliers dans lesquels il n'y a pas lieu à preuve. Ce sont des moyens de terminer une contestation, non des moyens de preuve. L'aveu est si peu une preuve, qu'en matière criminelle il ne saurait faire condamner un accusé. On a dit à ce sujet : « L'aveu emportant une présomption légale de la vérité du fait avoué, a pour conséquence de *dispenser de toute preuve* celui qui l'invoque, et d'enlever au juge le pouvoir d'en exiger une ; » et à propos du serment (*litis* décisoire) : « Lorsque l'une des parties use de ce moyen, il s'établit entre elles une transaction conditionnelle, en vertu de laquelle la partie qui défère le serment, renonce à ses prétentions dans le cas où il serait prêté, et doit, au cas contraire, obtenir l'adjudication de sa demande *sans être obligée de la prouver.* »

La preuve littérale et la preuve vocale consistent toutes deux dans le témoignage des hommes et ne diffèrent que dans la manière dont il est constaté.

La mauvaise foi des hommes a porté une rude atteinte à l'autorité du témoignage. D'un autre côté, le caractère et l'intelligence variant avec les individus, avec les âges, tel fait qui suffit pour convaincre un esprit super-ficiel et sans pénétration est d'un bien faible poids pour la prudente raison d'un homme mûri par l'expérience. Fixé par l'écriture le témoignage de-vient à la fois moins incertain et moins périssable. Aussi la preuve littérale est-elle inscrite en tête par le Code. Sous le rapport de la sécurité des in-térêts nous avons dépassé l'antiquité et c'est-là un progrès que nous devons à une instruction plus communément répandue et beaucoup aussi aux res-sources matérielles qu'a créées l'industrie des temps modernes.

La preuve orale perdit de son crédit à mesure que la civilisation gagna du terrain et suivit à peu près la même ligne décroissante que le serment, qui aux yeux de tous les législateurs, en est le préliminaire indispensable comme aussi la garantie la plus efficace.

On sait combien le serment était sacré pour les anciens. Chez les Hébreux, le parjure était puni de mort. Chez les payens, le serment était accompagné d'imprécations terribles qui appelaient sur la tête du coupable la vengeance de divinités cruelles et impitoyables. Montesquieu dit en parlant des Romains, que «la crainte de violer leur serment surmonta toute autre crainte : Rome était un vaisseau tenu par deux ancres dans la tempête ; la religion et les mœurs.» Ceci explique comment Rome admit des principes si larges en matière de témoignage. Justinien rend un nouvel hommage à l'antique religion du serment, mais alors il se fait par le nom du Christ. Ce prince décide que la preuve testimoniale doit l'emporter sur la preuve littérale, mais seulement quand elles se trouvent en concurrence, car autrement *in exercendis litibus, eamdem vim obtinet tàm fides instrumentorum quàm depositiones testium.*

On trouve cependant quelques cas dans le Droit romain, où la preuve littérale l'emporte sur la preuve testimoniale, comme lorsqu'on veut établir sa qualité d'ingénu ou bien encore quand il s'agit d'écrits publics, par exemple, des tables du cens.

Reportons-nous à l'origine des peuples modernes. Leurs mœurs farouches ne s'amollirent qu'avec peine sous l'influence civilisatrice du christianisme. Forts de leur audacieuse valeur ces fiers enfants du Nord affirment pour prouver et c'est par le fer qu'ils consacrent leur parole : faut-il plusieurs témoins, leurs parents, leurs amis sont là, tous gens prêts à combattre. Quelques-unes de leurs lois admettent la preuve littérale, mais elle dut être de bien peu d'usage, car il ne faut guère chercher que chez les gens d'église l'art d'écrire qui eût presque déshonoré la main d'un homme libre. Dans cette société barbare, la foi des témoins devint si suspecte que dans l'impuissance où étaient les hommes de remédier à des abus toujours croissants, on eut recours à l'intervention divine.

Il ne m'appartient pas d'examiner ici cette nomenclature de purgations et de combats qu'on appelait *jugements de Dieu*. Ces pratiques superstitieuses se maintinrent fort longtemps à l'abri des donjons de la féodalité et nous voyons les combats judiciaires en honneur jusque dans le XIVᵉ siècle, quoiqu'aient pu faire quelques princes éclairés, entre autres Louis IX. Ce n'est que fort tard que la preuve littérale prit de l'extension. La réaction commença en Italie : on cite un statut de Bologne approuvé par le pape Nicolas V (1453), qui défendit de prouver par témoins les paiements au-dessus de 50 livres et les contrats au-dessus de 100 livres. En France régnait encore la maxime : *Témoins passent lettres*, et ce ne fut qu'un siècle plus tard (1556), que l'ordonnance de Moulins, à laquelle le chancelier de l'Hospital prit une part très-active, s'occupa de réprimer les abus de la preuve testimoniale. Les dispositions de cette ordonnance sont reproduites dans celle du mois d'août 1667, titre 20 (des faits qui gisent en preuve vocale ou testimoniale), dont l'art. 2 est ainsi conçu : «Seront passés actes par devant notaires ou sous signatures privées de toutes choses excédant la somme ou valeur de 100 livres, même pour dépôts volontaires, et ne sera reçue aucune preuve par témoins contre et outre le contenu aux actes, ni sur ce qui serait allégué avoir été dit avant, lors ou depuis les actes, encore qu'il s'agit d'une somme ou valeur moindre de 100 livres, etc. [1]

Toutefois il y avait une lacune dans ces dispositions, car elles n'ordonnaient pas au juge de prendre pour certains les faits contenus dans ces actes. La loi d'organisation du notariat (25 ventôse an XI) dans son article 19 pour les actes notariés, et le Code civil, dans l'art. 1320 pour les actes sous seing privé, et en outre dans les articles 1341 et suivants, sanctionnèrent ces principes et leur donnèrent une application plus complète ; de sorte qu'on peut aujourd'hui regarder comme exceptionnels, les cas où la loi permet l'emploi de la preuve par témoins.

Remarquons que les règles que le Code civil nous trace à cet égard sont générales, bien qu'elles se trouvent dans la matière spéciale des obligations.

---

[1] Étrange contradiction! Pendant qu'on sauvegardait ainsi des intérêts purement civils, on condamnait froidement les accusés criminels sur des aveux arrachés par la torture, au mépris du sens commun et de l'humanité.

L'article 1315 donne la réponse à cette question : Laquelle des parties doit administrer la preuve? il porte : « Celui qui réclame l'exécution d'une obligation doit la prouver. Réciproquement, celui qui se prétend libéré doit justifier le paiement ou le fait qui a produit l'extinction de son obligation. »

La loi étant la protectrice naturelle des citoyens et de leurs biens, elle doit voir avec défaveur tout fait qui tendrait à attaquer une position sociale actuelle, qu'elle suppose légitime; et c'est là le but de toute demande. Il n'y aurait plus aucune espèce de garantie de stabilité pour les droits les mieux acquis, si la loi pouvait exiger de celui qui les excerce la preuve de leur légitimité. C'est là le fondement de cette présomption de non-existence qui s'attache aux obligations, aux charges et en général à tout fait avancé en justice, présomption qui ne cède qu'à la preuve contraire.

Le législateur a donc proclamé ce principe, *que tout demandeur doit prouver les faits qui servent de base à sa demande : Actori incumbit onus probandi.* Si le défendeur se borne à nier, la solution de la question dépendra donc en entier de la force des preuves que pourra fournir la demande. Mais si le défendeur oppose une exception, comme il reconnait par là le fondement de la demande, il devra à son tour prouver le fait sur lequel il appuie sa défense : *nam reus in excipiendo fit actor. Actor,* quod adseverat probare se non posse profitendo, reum necessitate monstrandi contrarium non adstringit; *cùm, per rerum naturam, factum negantis probatio nulla sit.* (Cod. lib. IV, tit. XIX). Une interprétation trop généralisée de ces derniers mots a donné lieu à de longues discussions. On prétendait établir que la preuve d'une négative était impossible et ne pouvait par conséquent être exigée. Les auteurs les plus recommandables sont d'accord aujourd'hui pour rejeter cette subtile théorie. En effet, outre qu'il est rare de rencontrer dans la pratique des négatives tellement indéfinies et absolues que la preuve en devienne impossible, cette impossibilité où se trouverait le demandeur de justifier des faits négatifs servant de base à sa demande, ne peut être un motif pour le décharger du fardeau de la preuve pour l'imposer au défendeur. La nature du fait à prouver ne peut en aucune manière soustraire les parties à l'application des principes que nous avons exposés plus haut.

Le défendeur qui se borne à nier, n'étant assujetti à aucune preuve, n'est pas tenu de communiquer les pièces qu'il peut avoir, à moins qu'elles ne soient communes. Rien n'empêche qu'il puisse prouver le contraire des faits qu'on lui oppose.

Le juge ne doit admettre que la preuve de faits relevants ou pertinents et rejeter ceux dont la preuve, quand ils seraient véritables, est inutile ; il ne doit s'arrêter qu'aux faits articulés par les parties et régulièrement prouvés par elles. Dans le juge il y a deux hommes, l'homme privé et le juge, et c'est à ce dernier que se fait la preuve : *judici fit probatio*. Il pourra donc arriver qu'il prononce contre sa conviction, par exemple dans le cas où il saurait personnellement que l'acte notarié qu'on lui présente est faux, mais où il aurait été impossible à la partie adverse d'en prouver la fausseté.

En général, l'obligation de prouver ne s'entend que de l'existence matérielle des faits et non de leur caractère moral ou intentionnel.

Quant à la rétroactivité des lois en matière de preuve, il faut distinguer ; la loi nouvelle s'appliquera aux faits appelés en procédure *ordinatoria litis*, c'est-à-dire qui règlent la forme du procès, mais elle ne saurait régir les questions de fond, *decisoria litis*. Ainsi, on décidera d'après la loi nouvelle si l'enquête doit être publique ou non, tandis que pour savoir si la preuve testimoniale est admissible, il faudra se reporter au moment de la convention.

Il arrive souvent qu'il n'existe pas de preuves proprement dites d'après lesquelles le juge puisse prononcer ; toutefois, l'art. 4 ordonne au magistrat de donner une solution à la question qui lui est soumise ; il devra donc dans ce cas décider d'après les données plus ou moins vagues et indirectes que peuvent fournir les circonstances de la cause. Ce sont ces présomptions que nous allons examiner dans notre second chapitre.

CHAPITRE DEUXIÈME.

DES PRÉSOMPTIONS.

Toutes les présomptions sont fondées sur la liaison qui existe entre une vérité connue et la vérité que l'on cherche, et sur la conséquence qu'on en peut tirer par analogie de ce qui arrive le plus souvent : *præsumptio ex eo quod plerùmque fit.*

Une présomption ne pourra donc jamais donner que des probabilités, mais il est des cas où ces probabilités sont d'un tel poids que la loi en a imposé l'admission aux juges : ce sont les *présomptions légales.* Toutes les autres présomptions dont le législateur n'a pas cru pouvoir préciser l'effet retiennent le nom de *présomptions simples* ou présomptions de l'homme. Cette division nous est indiquée par le Code civil dont l'article 1349 porte : « Les présomptions sont des conséquences que *la loi* ou *le magistrat* tire d'un fait connu à un fait inconnu. »

1° DES PRÉSOMPTIONS LÉGALES.

« La Présomption légale, dit le Code, article 1350, est celle qui est attachée par une loi spéciale à certains actes ou à certains faits. » La spécialité d'une disposition formelle de la loi peut donc seule caractériser une présomption légale. Il en résulte que les lois romaines et étrangères, n'ayant aucune autorité légale en France, un jugement fondé sur une présomption empruntée de ces lois pourrait être censuré par la Cour de cassation.

Toute présomption légale a pour effet de dispenser celui qui allègue un fait réputé certain en vertu d'une pareille présomption, de l'obligation de le prouver.

C'est en cela surtout, qu'elle diffère de la présomption simple que le magistrat peut à son gré, admettre ou rejeter, tandis que la présomption légale oblige le magistrat à la regarder provisoirement comme preuve.

2

Il ne faut pas confondre le fait que la loi répute certain en vertu d'une présomption avec le fait qui sert de base à celle-ci. Ce dernier devra être établi d'après les règles ordinaires de la preuve que nous avons développées dans notre première partie. Ainsi un majeur qui demanderait la nullité d'une vente immobilière faite par lui pendant sa minorité, devra établir qu'il était réellement mineur à l'époque du contrat. Par sa dénégation, le défendeur met à la charge du demandeur la preuve de l'existence des faits sur lesquels est fondée la présomption. D'après les mêmes principes, il pourra aussi administrer la preuve contraire de ces faits, et ce, par tous les moyens de preuve quelconques, pourvu néanmoins qu'ils soient autorisés par la loi, dans le cas dont il s'agit. Cette preuve pourra donc être même une preuve testimoniale ou des présomptions simples. C'est donc à tort que certains auteurs comme, par exemple, Toullier, considèrent cette preuve contraire comme une preuve indirecte contre la présomption elle-même. Personne ne peut être condamné sans avoir été entendu et sans avoir pu discuter les moyens qu'on lui oppose.

Il en est bien différemment de la présomption considérée en elle-même. Le juge est institué pour appliquer la loi, non pour la juger : il ne saurait donc permettre que l'on discutât en justice la valeur des raisons qui ont décidé le législateur à établir telle ou telle présomption, de même qu'on ne peut prouver qu'elle n'est point applicable dans une circonstance donnée. Ce serait usurper les fonctions législatives que l'article 5 du Code civil, sanctionné par l'article 127 du Code pénal, a interdites au juge. Ainsi on ne serait pas admis à prouver que la présomption d'incapacité des mineurs ne doit pas être appliquée à Paul dont l'intelligence supérieure a devancé son âge.

Toutes les présomptions légales ne sont pas d'une nature aussi absolue. En effet, n'est-il pas anormal de dire qu'il faille obéir aveuglément à une règle tracée par le législateur d'après des probabilités, et la raison ne commande-t-elle pas de faire céder des données aussi vagues à la vérité, quand elle nous est bien démontrée? Sans doute, ce principe qu'il est de la nature des présomptions de céder à la preuve contraire est incontestable en théorie et nos législateurs ne l'ont pas méconnu. S'ils en ont restreint l'application, ce n'a été que dans des circonstances graves; alors, qu'instruits par l'expérience, ils ont jugé que l'admission de cette preuve entraînerait des erreurs et des injustices nombreuses. Cette restriction d'un principe si naturel n'est sans doute pas sans danger, mais il a fallu se fortifier davantage du côté le plus menacé : *nam ad ea potiùs debet aptari jus, quæ et frequenter et facilè, quàm quæ perrarò eveniunt* (*L.* 5, *D. de leg.*).

Les anciens jurisconsultes avaient fait la distinction des présomptions légales :

1° En présomptions *juris et de jure*, qui font tellement preuve, dit Pothier, qu'elles excluent toute preuve qu'on voudrait faire du contraire. *Dicitur præsumptio* juris *quià à lege introducta est :* dicitur *de jure quia super tali præsumptione lex inducit firmum jus et habet eam pro veritate* (Menochius).

2° En présomptions simples, *juris, sed juris tantùm*, qui diffèrent des précédentes en ce qu'elles n'excluent pas la partie contre qui elles militent d'être reçue à faire la preuve du contraire.

Toute cette subtile distinction de mots ne donnait point de solution à la question la plus importante dans la pratique, qui est de savoir distinguer les présomptions qui n'admettent point la preuve contraire de celles qui ne sont pas exclusives de cette preuve. Aussi, dit Toullier, les auteurs ne sont-ils pas d'accord dans les exemples qu'ils en citent; et la meilleure définition qui est celle d'Alciat peut aussi bien s'appliquer à la présomption *juris et de jure* qu'à la présomption *juris tantùm*. « *Est dispositio legis aliquid præsumentis et super præsumpto tanquàm sibi comperto statuentis.* »

Domat avait sans doute senti le vice de cette théorie, car il n'en dit pas un mot dans son ouvrage.

D'Aguesseau prétendit que *toutes* les présomptions doivent céder à la vérité, puisque toutes elles ne sont fondées que sur des vraisemblances et dès probabilités.

Il ne pouvait appartenir qu'à une loi de faire cesser l'indécision, et c'est là l'objet de l'article 1352 qui porte : «Nulle preuve n'est admise contre la présomption de la loi, lorsque sur le fondement de cette présomption, elle annulle certains actes, ou dénie l'action en justice.» Dans ces deux cas, la loi, afin de prévenir toute occasion de fraude, comprend dans sa prohibition les cas même où il serait constant qu'il n'y a pas eu de fraude, parce qu'il pouvait s'en commettre : *in quibus licet fraus nulla commissa fuerit, committi poterat* (passage de *Casa regis*, cité par Toullier).

Quelquefois cependant la loi se relâche de sa sévérité, mais alors elle l'a formellement exprimé; c'est ce qui résulte des expressions suivantes de l'article : *à moins qu'elle n'ait réservé la preuve contraire.* Comme exemple du cas où la loi annule certains actes, nous citerons les articles 911 et 1099 : La loi déclare nulles les dispositions faites au profit d'incapables sous le nom de personnes interposées. Il serait souvent bien difficile d'établir cette interposition de personnes, on présume donc personnes interposées les père et mère, les enfants, l'époux de l'incapable. Ce serait inutilement qu'on prouverait qu'il n'y a pu avoir intention de donner à l'incapable.

L'article 1282 est un exemple du cas où la loi dénie l'action : «La remise volontaire du titre original sous signature privée par le créancier au débiteur, fait preuve de la libération.»

Cette expression du Code, *ou dénie l'action en justice*, ne doit pas cependant être prise trop à la lettre. Il serait plus juste de dire, *ou accorde une exception péremptoire contre une action.* C'est ce qui paraît résulter de l'article 2223 qui ne permet pas au juge de suppléer d'office au moyen de la prescription. Si donc la partie, en faveur de laquelle milite la présomption qui résulte de la prescription, n'oppose pas ce moyen, l'autre obtiendra l'adjudication de sa demande, ce qui ne pourrait arriver s'il était littéralement vrai que la loi déniât l'action en justice. Cette observation ne peut pas s'adresser au cas de l'article 1965 : «La loi *n'accorde aucune action* pour une dette de jeu ou pour le paiement d'un pari.»

Du reste, quelque absolue que soit une présomption légale, elle ne forme point obstacle à l'efficacité de l'aveu contraire, ni à la délation d'un serment *litis* décisoire sur ce fait, pourvu qu'il s'agisse de présomptions qui soient exclusivement établies dans un intérêt privé, et qui ne se rattachent pas à des matières dans lesquelles l'aveu et le serment sont inadmissibles. Telle est l'explication que l'on peut donner de ces expressions finales de l'article 1352 : *Et sauf ce qui sera dit sur le serment et l'aveu judiciaires.* En effet, ces moyens extrêmes laissant la décision de la question à la conscience de la partie en faveur de laquelle la loi a établi la présomption, il n'existe aucun motif d'ordre public de les rejeter. On est libre de renoncer à ses avantages.

Il faut observer que l'énumération de l'article 1350 est purement énonciative, car les présomptions légales sont nombreuses et ce n'est pas le Droit civil seul qui en offre des exemples. Ainsi quand la loi déclare telle classe de citoyens apte à remplir telle ou telle fonction, c'est par une présomption légale de Droit public.

Les exemples cités par l'article 1350, sont au nombre de quatre. *Tels sont,* dit l'article :

1° *Les actes que la loi déclare nuls comme présumés faits en fraude de ses dispositions d'après leur seule qualité.* C'est le cas des articles 472, 911, 1099, 1124 Cod. civ. 446, Cod. de comm.

Il n'est pas question ici d'actes nuls comme manquant d'une condition essentielle à leur validité, ni d'actes nuls pour vices de forme. Il faut remarquer encore que ces actes ne sont pas nuls d'après leur qualité, mais d'après la qualité des personnes. Tel acte est nul, parce qu'il a été passé entre un tuteur et son pupille avant la reddition des comptes; parce que celui qui l'a fait était failli.

2° *Les actes dans lesquels la loi déclare la propriété ou la libération résulter de certaines circonstances déterminées,* comme par exemple dans le cas des articles 553, 653, 1283, 1908 Cod. civ.

3° *L'autorité que la loi attribue à la chose jugée.* [1]

Enfin 4° *La force que la loi attache à l'aveu de la partie ou à son serment.*

L'autorité de la chose jugée fait la force des lois et la paix des familles.

[1] Ce sujet, sans contredit l'un des plus importants du Droit, demanderait de longs détails; mais comme il se trouve lié à notre travail d'une manière tout à fait incidente, nous ne pouvons qu'en indiquer rapidement quelques traits généraux.

Sans elle l'édifice judiciaire élevé avec tant de peines serait privé de sa pierre angulaire et la loi s'infligerait tous les jours les plus sanglants démentis si elle pouvait permettre de discuter éternellement les droits des citoyens quand elle a pour ainsi dire épuisé les trésors de sa sagesse pour se garantir d'erreurs inhérentes à notre nature. Elle a voulu qu'il y eût deux degrés de juridiction, mais une fois une décision définitive rendue par le juge, elle la considère comme la vérité même, vérité irréfragable qui n'admet ni doute ni discussion. *Res judicata pro veritate accipitur. (L. 207, D. de r. j.)*

La preuve testimoniale et la chose jugée, dit Toullier, tirent leur force de deux présomptions également incertaines et absolument analogues : présomption de probité, présomption d'intelligence dans la personne du témoin et dans celle du juge.

Il y a chose jugée lorsque le juge a définitivement prononcé sur la contestation soumise à sa décision, c'est-à-dire lorsqu'il a admis ou rejeté la demande; *quod vel condemnatione, vel absolutione contingit.* Elle a été définie : « Tout point de fait ou de droit décidé par un jugement qui n'était pas de sa nature susceptible d'être attaqué par une voie *ordinaire* de recours, ou qui a cessé de l'être par suite de l'expiration des délais fixés pour l'exercice de ces recours. »

L'autorité de la chose jugée, ne produit qu'une exception qui doit être proposée et que le juge ne peut suppléer d'office, car la partie à laquelle est acquise cette exception, peut renoncer à l'avantage qui en résulte. Comme cette exception dérive de la loi civile, un jugement rendu dans une souveraineté étrangère ne peut avoir l'autorité de la chose jugée en France, puisque le pouvoir du magistrat est renfermé dans les mêmes limites territoriales que la souveraineté qui l'institue (art. 546, Cod. de proc.). Pour qu'un pareil jugement puisse recevoir son exécution en France, les tribunaux français devront statuer par révision et en connaissance de cause et non par simple ordonnance d'exequatur. Un jugement étranger peut encore avoir l'autorité de la chose jugée en France, par suite de traités politiques, (articles 2123 — 2128, Cod. civ.); mais alors, outre la légalisation d'un ambassadeur français, il devra être revêtu d'une ordonnance d'exequatur.

Quant aux tribunaux français, nous sommes encore régis par les principes de l'ordonnance de 1667, dont l'article 5 (titre 27) est ainsi conçu :

« *Les sentences et jugements qui doivent passer en force de chose jugée sont ceux rendus en dernier ressort et dont il n'y a appel; ou dont l'appel n'est pas recevable, soit que les parties y eussent formellement acquiescé, ou qu'elles n'en eussent interjeté appel dans le temps; ou que l'appel ait été déclaré péri.* »

Les articles 449 et 450 du code de procédure civile règlent le délai accordé pour l'appel, délai pendant lequel l'exécution est suspendue.

Pour que la présomption de la chose jugée puisse être légitime, il faut le concours de plusieurs conditions; il faut, dit l'article 1351 : « Que la chose demandée soit la même, que la demande soit fondée sur la même cause, que la demande soit entre les mêmes parties et formée par elles et contre elles en la même qualité.» Ces dispositions sont empruntées aux jurisconsultes romains. *Cùm quæritur hæc exceptio noceat, necne, inspiciendum est an idem corpus sit; quantitas eadem, idem jus; et an eadem causa petendi et eadem conditio personarum.*

1° *Identité juridique des parties.*

C'est une règle de Droit naturel, qu'on ne peut être condamné sans avoir été entendu, ou sans avoir été au moins appelé à s'expliquer. *Res inter alios judicata neque emolumentum afferre his qui judicio non interfuerunt neque præjudicium solent irrogare (L. 2, C.).*

L'autorité de la chose jugée n'a lieu qu'à l'égard des parties qui sont juridiquement les mêmes que celles entre lesquelles le jugement a été rendu, et il faut pour cela que ces parties aient personnellement figuré dans la première instance, ou du moins, qu'elles aient été représentées par ceux qui y ont figuré.

Il faut qu'elles procèdent en la même qualité. La qualité est le titre sous lequel les parties agissent, soit pour la défense de leurs droits propres, soit pour celle de personnes dont les intérêts leur sont confiés en privé nom ou en nom qualifié (Carré). En France, chaque intéressé est obligé de figurer en nom dans le procès, puisqu'il est admis que *nul ne plaide par procureur*, à l'exception du roi qui est représenté par son intendant. Les particuliers peuvent toutefois se faire représenter par des mandataires ; on y est même forcé dans le cas de l'article 75 du Code de procédure civile. Les personnes morales, les mineurs, les interdits, les femmes mariées sont aussi représentées par des mandataires : il y a dans ce cas identité morale.

Du reste, si les jugements n'ont pas, à l'égard des tiers, l'autorité de la chose jugée, cela n'empêche pas qu'ils ne puissent au moins provisoirement être exécutés à leur préjudice, sauf à eux à les faire rétracter par la voie de la tierce-opposition.

2° *Identité de l'objet.*

Un jugement étant la solution d'une question litigieuse, pour qu'il y ait jugement, il faut qu'il y ait chose demandée et accordée (le mot chose étant pris ici dans son acception la plus large). Or, il est certain que le magistrat n'a entendu juger, que les parties n'ont entendu soumettre à sa décision que la contestation qui les divisait sur l'objet de la demande.

L'autorité de la chose jugée ne saurait donc s'étendre au delà de l'objet sur lequel le jugement a explicitement ou implicitement statué, et il faut, pour qu'un jugement puisse être invoqué dans une instance nouvelle, que la demande ou l'exception proposée porte sur la même chose corporelle, sur la même quantité ou sur le même droit.

Il ne faut pas cependant interpréter cette règle trop strictement. Depuis la première instance, la chose peut avoir éprouvé des augmentations ou des diminutions, des modifications dans sa forme et sa qualité, sans cesser d'être la même. On doit aussi considérer comme formant avec cette chose le même objet, tout ce qui y est virtuellement compris.

Dans un troupeau, par exemple, il s'opère un changement de têtes continuel, sans que pour cela le troupeau puisse changer comme tel. Tout ce qu'a produit la chose dans l'intervalle des deux demandes, tous ses accessoires, tout ce qui en dépend par accession, alluvion ou autrement, doit être considéré comme ayant été compris dans la première demande (Toullier). Si j'échoue dans la demande de la totalité'd'un objet, je ne puis être reçu à en former une seconde pour demander une partie de cet objet ; *nam pars in toto est, eadem res accipitur*. En sens inverse, il faut distinguer : Si je demande une somme de 100 francs, et que je sois repoussé, je ne puis plus tard demander 200 francs pour la même cause. Mais si je succombe dans une demande d'usufruit, je pourrai revendiquer encore la propriété, puisque celle-ci n'est pas contenue dans l'usufruit. Si j'échoue dans la demande de la propriété d'un fonds, je ne puis demander l'usufruit à titre de propriétaire *(usufructus causalis)*, mais j'en pourrai réclamer l'usufruit proprement dit *(usufructus formalis)*, parce qu'alors je reconnais que la propriété appartient à un autre.

3° *Identité de la cause.*

Les procès ne finiraient pas, si l'on pouvait renouveler une demande repoussée une première fois, en se fondant sur la même cause. C'est sur cette cause que le jugement a prononcé. Une seconde demande ne peut donc invoquer l'autorité de la chose jugée, si elle n'est pas fondée sur la cause indiquée dans le jugement. Mais il est bien des faits différents qui peuvent établir un droit et de ce que l'un de ces faits est reconnu malfondé, on ne peut conclure que les autres le soient également. L'article 61 du Code de procédure civile ordonne que l'exploit d'ajournement contiendra les moyens sommaires de la demande ; on pourra reconnaître la différence de cause, en comparant les exploits d'assignation et les conclusions des deux demandes.

On entend par cause, le fait juridique qui forme le fondement direct et immédiat du droit ou du bénéfice légal que l'une des parties fait valoir par voie d'action ou d'exception. La cause de l'action ou de l'exception ne consiste pas dans le droit ou le bénéfice même qu'il s'agit de faire valoir, mais dans le principe générateur de ce droit ou de ce bénéfice.

Toutefois il ne faut pas confondre avec la cause, les circonstances ou moyens qui peuvent constituer cette cause ou en établir l'existence.

Le jugement qui a déclaré mal fondée une demande en nullité d'obligation pour fraude *(causa generalis vel remota)*, empêche d'en former une nouvelle dans laquelle on préciserait des moyens de fraude *(causa proxima)*. S'il me compéte en vertu d'un droit plusieurs actions alternatives, je ne pourrai plus recourir aux autres après m'être décidé pour l'une d'elles, parce que leur but à toutes est le même.

2° DES PRÉSOMPTIONS DE L'HOMME.

La vraisemblance et la probabilité sont le fondement des présomptions simples aussi bien que des présomptions légales : la différence consiste en ce que les premières ne sont pas comme celles-ci forcément admises par le juge et ne sauraient dispenser de la preuve même provisoirement celui en faveur de qui elles militent.

Les circonstances de chaque cause amènent mille probabilités diverses, sur lesquelles il a été matériellement impossible que la loi ait statué. Le législateur n'a pas voulu cependant les proscrire absolument, parce qu'elles jettent toujours quelque lumière sur la question à décider ; il en a donc abandonné l'appréciation à la conscience du juge, se bornant à prendre quelques précautions générales de prudence.

Il est loisible au magistrat d'admettre ou de rejeter cette sorte de présomptions et sa décision à cet égard ne pourra être soumise à la censure de la Cour de cassation, mais seulement réformée par le juge d'appel si celui-ci trouve erronée l'appréciation du premier juge.

La loi cependant a cherché même ici à prévenir les erreurs de l'arbitraire, et si le juge croit devoir se baser sur de pareilles présomptions, ce ne devra jamais être que sous les conditions dictées par elle.

Déjà le législateur avait vu avec défaveur le témoignage oral : ne pou-

vant en prohiber l'usage, il a fait en sorte du moins que les erreurs qu'entraînerait ce genre de preuves ne pussent compromettre des intérêts d'une
certaine gravité, et il n'en a autorisé l'admission que lorsque la valeur de
l'objet en litige ne dépasserait pas une somme fixée, et s'il s'agit d'intérêts
plus graves, dans le cas où il existerait un commencement de preuve par
écrit, ou bien encore s'il est prouvé que l'on n'a pu se procurer de preuve
littérale. Sous ce rapport, les présomptions de l'homme ont été assimilées
à la preuve par témoins. L'article se sert du terme général, *les preuves tes-
timoniales*; il a voulu dire évidemment tous les cas où ce genre de preuves
peut être admis.

Quant à la nature de ces présomptions, le juge ne doit admettre que celles
qui sont à la fois graves, précises et concordantes. *Graves*, c'est-à-dire que
la conséquence à tirer, doit être logique et naturelle; que le fait dont on
tire cette conséquence doit être bien caractérisé et solidement établi; *précises
et concordantes;* car il ne faut pas que les données fournies puissent s'appliquer à diverses circonstances ou qu'il y ait contradiction, soit dans les faits,
soit dans les conséquences qu'on en tire.

Cette règle toutefois n'assigne pas des limites bien certaines à l'arbi-
'raire du juge, car c'est à lui qu'il appartient d'apprécier ces qualités
exigées.

On a prétendu inférer des expressions de l'article 1353 qu'il n'était pas
permis au juge de prononcer d'après une seule de ces présomptions simples.
Cette opinion nous semble peu fondée. De ce que la loi exige concordance
lorsqu'il se présente plusieurs présomptions, rien n'autorise à conclure qu'il
en faut nécessairement plusieurs. Les présomptions comme les témoignages
se pèsent et ne se comptent pas. Toullier qui professe cette doctrine dit lui-
même en parlant de la conséquence que tire le juge d'un fait à un autre : «Si
ces rapports étaient tels que l'un des faits ne pût exister sans l'autre, l'existence du fait inconnu serait par cela même démontrée, et cette démonstra-
tion serait la plus forte des preuves.» Et certes, il se trouvera souvent parmi
les présomptions simples des espèces comme celle-là : Souvent une seule
présomption paraîtra assez solide au juge pour déterminer sa conviction.

Du reste, quelle que conviction qu'il ait, le juge qui admettrait une présomption simple hors des limites tracées par le législateur, violerait la loi
et par conséquent son jugement subirait la censure de la Cour de cassation.

Nous ferons encore observer avec Duranton que la dernière partie de
l'article 1353 n'est pas d'une rédaction correcte, en ce qu'elle laisse supposer
que la preuve des faits de dol ou de fraude ne peut se faire par témoins.

JUS ROMANUM.

PROBATIONIBUS ET PRÆSUMPTIONIBUS.

CAPUT PRIMUM.

Generalia de probatione.

Probare significat, quod quidem vocabulum latissimè patet, fidem alicui aliquâ de re facere : Strictiori verò sensu, in omnibus judiciis docere judicem hoc quod quis intendit veritate constare, vel aliter, intentionis suæ legitimam fidem quam facit judici actor vel reus.

Maximoperè interest huic magni momenti responsum dare quæstioni; cui in causarum disceptationibus incumbat onus probandi, actori ne an reo?

Regula est (D. lib. xxii, tit. 3) : Ei incumbit probatio, qui dicit, non qui negat.

Exempli gratiâ appellabo Pauli responsum : « Ab eâ parte quæ dicit adversarium suum ab aliquo jure prohibitum esse specialiter lege vel constitutione, id probare oportere. »

Tàm in reo autem quàm in actore hæc regula obtinebit. Non idcircò reo regulariter incumbit probatio, nisi in exceptionibus. Quo enim casu, dicendum est reum partibus actoris fungi oportere, ipsumque exceptionem velut intentionem implere ; nam excipiendo reus fit actor.

Ut creditor qui pecuniam petit, numeratam implere cogitur, ità rursùm debitor qui solutam affirmat ejus rei probationem præstare debet. (C. lib. IV, tit. 19, l. 1). Semper enim necessitas probandi incumbit illi qui allegat, dicit, agit aliquid in judicio.

Si autem reus exceptionem non probat, non ideò condemnabitur nisi et actor etiam probaverit intentionem suam (Cuj). Generaliter tenendum est, quamdiù actor non probat ea quæ asseverat, nullam probationem à reo exigi, sive reus simpliciter neget quæ actor asseverat, sive aliquid asseveret (Poth., Pand).

Actor, quod adseverat probare se non posse profitendo, reum necessitate monstrandi contrarium non adstringit : cùm per rerum naturam negantis probatio nulla sit (C. lib. IV, tit. 19, l. 23). Et reus absolvendus est.

Sunt tamen quædam negationes quæ effectu affirmationes fiunt, ut si, exempli gratiâ, nego testatorem, sanæ mentis fuisse, affirmo insanum fuisse : itaque probare debeo.

Non actori incumbit onus probandi ea qnæ negat. Habes exemplum, cùm minor adversùs magistratus qui tutores ipsi dederunt, actione subsidiariâ experitur, eò quòd neget idoneè cautum esse. Hoc enim casu, non est necesse pupillo probare fidejussores pro tutore datos, cùm accipiebantur, idoneos non fuisse; nam probatio exigenda est ab his quorum fuit officii providere ut pupillo caveretur.

Secundùm allegata et probata judex judicare debet, et ea tantùm facta probanda sunt quæ ad causam pertinent et quæ profutura sunt probanti; frustrà enim probatur quod probatum non relevat.

Sunt legitimæ rationes probationum præcipuæ ; *Instrumenta*, *Testes*, *Jusjurandum*, *Confessio* et *Præsumptiones*.

In Digestorum libro XXII tit. 4, l. 1 reperimus : *Instrumentorum* nomine ea omnia accipienda sunt, quibus causa instrui potest; et ideò, tàm testimonia quàm personæ instrumentorum loco habentur. Sæpiùs tamen, hoc accipitur verbum stricto sensu; significat scripturam per quam id quod actum est probari potest, propriè, conventiones scriptas.

Testes sunt qui in litibus de re dubiâ testimonium dicunt, et ea quæ ipsi sensibus perceperunt, indicant. Quanti apud Romanos testium probatio momenti fuit, satis ex his verbis constat (D. lib. xxii, tit. 5, l. 1) : Testimoniorum usus frequens ac necessarius est ; adhiberi quoque testes possunt non solùm in criminalibus causis, sed etiam in pecuniariis litibus, sicubi res postulat, et hi, quibus non interdicitur testimonium, nec ullâ lege à dicendo testimonio excusantur.

Prioribus seculis, testium probatio exclusiore gratiâ floruit. Seriùs quoque, cùm in usum venerunt instrumenta, sanctiorem certioremque testium quam instrumentorum fidem videntur existimâsse Romani. Ex rescripto Justiniani imperatoris consequitur. Novellâ lxxiii, cap. 3, C. vi. tit 2, legere est : Si verò, tale aliquid contigerit, ut aliud quidem faciat collatio litterarum, aliud verò testimonia, tunc, nos quidem existimavimus ea quæ vivâ dicuntur voce et cum jurejurando, hæc digniora fide quàm scripturam ipsam.

Generaliter tamen regula est (C. lib. iv, tit. 21, l. 15) : In exercendis litibus, eamdem vim obtinent, tàm fides instrumentorum quàm depositiones testium. Unius autem testatio sine aliis adminiculis non probat : testis unus, testis nullus. (Sancivit Constantinus, Cod. lib. iv, tit. 20, l. 9.)

Quædam tamen facta magni momenti per solos testes probari non possunt, sed per instrumenta : talis est ingenuitas de quâ rescribit Alexander. (Cod. lib. iv, tit. 20, l. 2). Item census et monumenta publica potiora testibus esse senatus censuit (D. lib, xxii; tit. 3, l. 10).

Definiendum est *jusjurandum* : rei alicujus religiosa asseveratio Dei testis et vindicis invocatione. Maximum remedium litium expediendarum in usum venit jurisjurandi religio ; speciem continet transactionis majoremque habet auctoritatem quàm res judicata (D. lib. xii, tit. 2, l. 1 et 2).

Confessus pro judicato est qui quodam modo suâ sententiâ damnatur (D. lib. xlii, tit. 2., l. 1) et iterùm Cod. lib. vii, tit. lix, l. 1, confessus in jure pro judicatis haberi placet ; quarè sinè causâ desideras recedi à confessione tuâ, quùm et solvere cogeris.

De præsumptionibus jam loquemur.

CAPUT SECUNDUM.

De Præsumptionibus.

Præsumptiones sunt conjecturæ, quæ ratiocinando ducuntur ex eo quod plerùmque fit. Quarum propter naturam ancipitem fidem directè facere non possunt sicut probationes aliæ.

Triplex vulgò distinguitur species præsumptionum (Poth., Pand.).

1° Sunt enim, quæ à lege introductæ, necessitatem probandi remittunt, nec probationem contrariam admittunt. Appellantur *juris et de jure;* juris, quia lege introductæ sunt, de jure, quia super tali præsumptioni lex inducit firmum jus et habet eam pro veritate. Litigantium pars quam hæc adjuvat præsumptio, intentiones suas satis probavisse videtur, nec de illo præsumptionum genere ullum erit judicis arbitrium.

Exemplum habes rei judicatæ auctoritatem. Ut finem haberent lites, necessè visum est, rem judicatam pro veritate haberi (D. de reg. juris. 207). Dicitur quæ finem controversiarum prononciatione judicis accipit, quod vel condemnatione vel absolutione contingit (D. lib. XLII, tit. 1, l. 1). Cùm quæritur an hæc exceptio noceat necne, inspiciendum est, an idem corpus sit; quantitas eadem, idem jus; et an eadem causa petendi et eadem conditio personarum; quæ nisi omnia concurrunt, alia res est (D. lib. XLIV, tit. 2, l. 12, 13 et 14).

Sæpiùs lex requirit qualitates ad illas constituendas præsumptiones : tunc verò per indirectum evelli possunt : ut putà ; Mulier per metum contracto matrimonio, metum purgâsse præsumitur si jam aliquandiù cum viro moram traxerit. Contrà præsumptionem utiliter probabit mulier, semper violentam fuisse cohabitationem.

Præsumptiones juris et de jure sunt permultæ : tales sunt quæ ex jurejurando ducuntur. Propter talem præsumptionem, in re propriâ fidem non faciunt domestici testes; etc.

2° Præsumptiones *juris tantùm* vice probationum habentur et necessitatem probandi remittunt, sed ità demùm, nisi contrarium probetur. Præsumptio juris est alicui licere quod communi jure licet : Rectè etiam enumerabitur præsumptio liberationis quæ ex cancellatione chirographi oritur, quum contrariam probationem admittat.

3° Præsumptiones autem *hominis* sunt quæ nullo jure confirmatæ, in judicis arbitrio positæ sunt. Solæ enim non faciunt fidem sed tantùm quùm aliis adjuventur adminiculis et ad fidem faciendam juvant. Notabile exemplum habes (D. lib. xxii, tit. 3, l. 26). « Procula quum magnæ quantitatis fideicommissum a fratre sibi debitum, post mortem ejus in ratione cum hæredibus compensare vellet, ex diverso autem allegaretur, nunquàm id a fratre, quamdiù vixit, desideratum, cum variis ex causis sæpè in rationem fratris pecunias ratio Proculæ solvisset : Divus commodus quum super eo negotio cognosceret, non admisit compensationem, quasi tacitè fratri fideicommissum fuisset remissum.

DROIT COMMERCIAL.

DE LA COMPÉTENCE DES TRIBUNAUX DE COMMERCE.

(Article 631 — 641 du Code de commerce. — Loi du 28 mai 1838. — Article 1er
de la loi du 3 mars 1840.)

La compétence d'un tribunal de commerce se règle :

1° Relativement au droit qu'a ce tribunal de prononcer sur telle ou telle
espèce de contestation (comp. *ratione materiæ*) ;

2° Relativement au droit qu'a ce tribunal de connaître d'une affaire de
sa nature de compétence commerciale plutôt que tel autre tribunal de
commerce (comp. *ratione personæ*) ;

Enfin 3° Relativement au droit de ce tribunal de juger en premier ou en
dernier ressort.

L'incompétence *ratione materiæ* est fondée sur des motifs d'ordre public
et c'est pourquoi les articles 170 et 424 du Code de procédure civile autorisent à demander le renvoi en tout état de cause et ordonnent même au
tribunal saisi de renvoyer les parties d'office.

L'incompétence *ratione personæ*, étant, au contraire, fondée sur l'intérêt
des parties, celles-ci peuvent renoncer à faire valoir ce moyen. Le déclina-
toire devra donc être proposé avant toute autre défense.

Il faut observer aussi que les tribunaux civils étant des tribunaux ordinaires peuvent connaître de toutes matières même commerciales, tandis que
les tribunaux de commerce ne peuvent connaître que des matières qui leur
sont spécialement attribuées par la loi. Ce sont des tribunaux d'exception
et la volonté des parties ne peut leur donner une juridiction que la loi leur
a interdite.

SECTION PREMIÈRE.

Les tribunaux de commerce connaissent :

1° De toutes contestations relatives aux engagements et transactions entre négociants, marchands et banquiers;

2° Entre toutes personnes, des contestations relatives aux actes de commerce (631).

L'article 632 du Code de commerce pour le commerce de terre, et l'article 633 pour le commerce de mer, énumèrent les actes que la loi répute actes de commerce.

Mais parmi ces actes, il en est dont le caractère commercial est si absolu qu'on n'examine pas dans quel but le débiteur s'est engagé, telles, par exemple : les opérations de change, tandis qu'il en est d'autres qui n'étant commerciaux qu'à condition que celui qui a contracté se proposait un but de spéculation ne sont soumis à la compétence commerciale qu'à l'égard de ce dernier. Dans le cas, par exemple : d'achat pour revendre, il faut que l'objet ait été acheté précisément pour être revendu.

Lorsque l'acte n'est commercial que de la part de l'une des parties, celle qui n'a pas fait acte de commerce, est libre de traduire son adversaire devant les tribunaux de commerce ou devant les tribunaux civils. On ne peut se plaindre d'avoir été distrait d'un tribunal d'exception pour être traduit devant un tribunal ordinaire. Et d'ailleurs, ce n'est pas ici un désavantage pour le commerçant, puisque le demandeur n'aura plus les mêmes facilités pour prouver l'obligation.

S'il s'agit de lettres de change, il faut distinguer : quand elles sont réputées simples promesses (112.) et qu'elles ne portent que des signatures d'individus non négociants, le défendeur pourra demander le renvoi au tribunal civil. S'il ne le fait pas, il sera censé convenir que la lettre a eu pour objet une opération de commerce, et le tribunal passera outre.

Si tous les signataires ou quelques-uns d'entre eux sont négociants, le tribunal de commerce retiendra l'affaire, sans que les individus non-commerçants puissent décliner la juridiction du tribunal. Cependant, la contrainte par corps ne pourra être prononcée contre ceux des signataires qui n'ont pas eu pour but une opération de commerce. Quant au billet à ordre il n'est pas commercial de sa nature, et le demandeur sera tenu de prouver qu'il a eu pour cause une opération de ce genre.

Article 634. Les tribunaux de commerce connaîtront également : Des actions contre les facteurs, commis et serviteurs des marchands, pour le fait seulement du trafic du marchand auquel ils sont attachés ; des billets faits par les receveurs, payeurs, percepteurs ou autres comptables des deniers publics.

Il existe, dans ce dernier cas, une présomption de la loi, que ces billets ont été faits pour la gestion de ces comptables ; mais cette présomption peut céder à la preuve contraire, par exemple, quand une autre cause y est énoncée (art. 638).

Les tribunaux de commerce ne peuvent connaître :

1° De la qualité de femme commune et d'héritier, lorsque ces qualités sont contestées. L'article 426 du Code de procédure civile est formel à cet égard ;

2° Des contestations entre associés (art. 51, Cod. de com.) ;

3° Du faux incident civil (art. 427, Cod. de procéd. civ.) ;

4° Ils ne peuvent connaître de l'exécution de leurs jugements (art. 442, Cod. de procéd. civ.).

SECTION II.

Pour ce qui concerne la compétence territoriale, il faut appliquer les règles ordinaires d'après lesquelles celui qui veut former une demande en justice, doit assigner devant le tribunal du domicile réel du défendeur. Toutefois, l'élection de domicile attribue au demandeur la faculté de porter, s'il le préfère, l'action devant le tribunal élu. Cette élection est expresse ou tacite ; expresse, lorsque les parties ou l'une d'elles a fait à ce sujet une déclaration formelle par écrit ; tacite, quand l'élection est supposée par la nature de la convention ; par exemple, dans le prêt à la grosse le paiement doit être fait au lieu où finit le risque (Pardessus). La compétence territoriale est du reste fixée par l'article 420 du Code de procédure civile.

SECTION III.

Sous le rapport du premier et dernier ressort, la compétence est fixée par l'article 639 du Code de commerce. La loi du 3 mars 1838, dans son article 1er, eut pour objet de rectifier cet article 639. Elle éleva de 1000 à 1500 francs le taux du dernier ressort pour les tribunaux de commerce. [1]

Elle ajouta en outre les dispositions suivantes :

« Les tribunaux de commerce jugeront en dernier ressort ; .... 3° Les demandes reconventionnelles ou en compensation, lors même que, réunies à la demande principale, elles-excéderaient 1500 fr. Si l'une des demandes principale ou reconventionnelle s'élève au-dessus des limites ci-dessus indiquées, le tribunal ne prononcera sur toutes qu'en premier ressort. Néanmoins il sera statué en dernier ressort sur les demandes en dommages intérêts, lorsqu'elles seront fondées exclusivement sur la demande principale elle-même. »

SECTION IV.

Les tribunaux de commerce connaissent de tout ce qui concerne les faillites, conformément à ce qui est prescrit au livre III du Code de commerce (loi du 28 mai 1838, art. 635, Cod. de com.). En conséquence, ils connaissent :

De l'ouverture de la faillite (art. 440, Cod. de com.).

De l'action en nullité des paiements faits par le failli, et de tous actes par lui faits depuis l'époque déterminée par le tribunal, comme étant celle de la cessation de ses paiements ou dans les dix jours qui auront précédé cette époque (art. 446);

---

1 La loi du 11 avril 1838 avait déjà élevé à 1500 fr. le taux du dernier ressort pour les tribunaux civils, déterminé auparavant par l'article 5, tit. 4 de la loi du 16-24 août 1790. La loi du 25 mai 1838 étendit aussi la compétence des juges de paix.

Le tribunal de commerce nomme le juge commissaire (art 451); et connaît des recours formés contre les ordonnances de ce juge (art. 453, 466, 530, 567);

Il connaît des demandes tendant à faire rapporter les dispositions du jugement qui affranchit le failli du dépôt et de la garde de sa personne (art. 456);

Des demandes de sauf conduit et de secours pour le failli et sa famille (art. 473 et 474);

Le tribunal de commerce nomme et remplace les syndics (art. 462 et suiv.);

Il connait de l'homologation des transactions faites par les syndics lorsque ces transactions sont relatives à des droits mobiliers (art. 487);

Des contestations sur l'admission des créances (art. 498);

Des oppositions au concordat (art. 512 et suivants);

Des contestations sur les comptes définitifs des syndics (art. 519);

Des demandes en résolution du concordat en cas d'inexécution de la part du failli des conditions de ce traité (art. 520);

Les tribunaux de commerce prononcent encore :

Sur la clôture des opérations de la faillite en cas d'insuffisance de l'actif;

Sur la nomination des syndics en cas d'union des créanciers (art. 529);

Sur l'excusabilité du failli (art. 538);

Sur les contestations qui s'éleveraient à propos des privilèges des créanciers (art. 551);

Sur les demandes en revendication;

Enfin ces tribunaux autorisent l'union à traiter à forfait de tout ou partie des droits et actions dont le recouvrement n'aurait pas été fait et à les aliéner (art. 570).

FIN.

www.ingramcontent.com/pod-product-compliance
Lightning Source LLC
Chambersburg PA
CBHW070755210326
41520CB00016B/4698